Luís Pimentel

JOEL RUFINO dos SANTOS

Humanista, inquieto, um homem livre

Ilustrações de Rodrigo Andrade

1ª edição, 2024

TEXTO © LUÍS PIMENTEL, 2024
ILUSTRAÇÕES © RODRIGO ANDRADE, 2024

DIREÇÃO EDITORIAL: Maristela Petrili de Almeida Leite
COORDENAÇÃO DE EDIÇÃO DE TEXTO: Marília Mendes
EDIÇÃO DE TEXTO: Giovanna Di Stasi
COORDENAÇÃO DE EDIÇÃO DE ARTE: Camila Fiorenza
ILUSTRAÇÕES DE CAPA E MIOLO: Rodrigo Andrade
PROJETO GRÁFICO E DIAGRAMAÇÃO: Michele Figueredo
COORDENAÇÃO DE ICONOGRAFIA: Luciano Baneza Gabarron
PESQUISA ICONOGRÁFICA: Gabriela Araújo
TRATAMENTO DE IMAGEM: Luiz Carlos Costa
COORDENAÇÃO DE REVISÃO: Rafael Gustavo Spigel
REVISÃO: Nair Hitomi Kayo
COORDENAÇÃO DE *BUREAU*: Everton L. de Oliveira
PRÉ-IMPRESSÃO: Ricardo Rodrigues, Vitória Sousa
PRODUÇÃO INDUSTRIAL: Wendell Monteiro (Gerência), Gisely Iácono (coordenação), Fernanda Dias, Renee Figueiredo, Silas Oliveira, Vanessa Siegl (produção), Cristiane de Araújo, Eduardo de Souza, Tatiane B. Dias (PCP)
IMPRESSÃO E ACABAMENTO: Meta Brasil
LOTE: 794810
CÓD: 120009388

Todas as fotos de Joel Rufino dos Santos utilizadas nas ilustrações são de arquivo pessoal.
Crédito da foto de capa: © Fabrizia Granatieri/Folhapress.
Os trechos de fala de Joel Rufino dos Santos sem créditos foram retirados da entrevista feita pelo autor para esta biografia.

Dados Internacionais de Catalogação na Publicação (CIP)
(Câmara Brasileira do Livro, SP, Brasil)

> Pimentel, Luís
>   Joel Rufino dos Santos : humanista, inquieto, um homem livre / Luís Pimentel ; ilustrações de Rodrigo Andrade. - 1. ed. - São Paulo : Santillana Educação, 2024.
>
>   Bibliografia.
>   ISBN 978-85-527-2929-7
>
>   1. Escritores brasileiros - Biografia - Literatura infantojuvenil 2. Santos, Joel Rufino dos, 1941-2015 - Biografia - Literatura infantojuvenil I. Andrade, Rodrigo. II. Título.
>
> 24-205837   CDD-028.5

Índice para catálogo sistemático:
1. Brasil : Escritores : Biografia : Literatura infantojuvenil 028.54
2. Brasil : Escritores : Biografia : Literatura juvenil 028.5

Cibele Maria Dias - Bibliotecária - CRB-8/9427

REPRODUÇÃO PROIBIDA. ART. 184 DO CÓDIGO PENAL E LEI Nº 9.610, DE 19 DE FEVEREIRO DE 1998.

Todos os direitos reservados

EDITORA MODERNA LTDA.
Rua Padre Adelino, 758 - Quarta Parada
São Paulo - SP - Brasil - CEP 03303-904
Vendas e atendimento: Tel. (11) 2790-1300
www.moderna.com.br
2024
Impresso no Brasil

"No ano de 1888 acabou a escravidão no Brasil.
Muita gente que era escrava na cidade foi embora pra roça.
Muita gente que era escrava na roça foi embora pra cidade.
Era ótimo viver livre."

Joel Rufino dos Santos.
Gosto de África: histórias de lá e daqui
(São Paulo: Global, 1998).

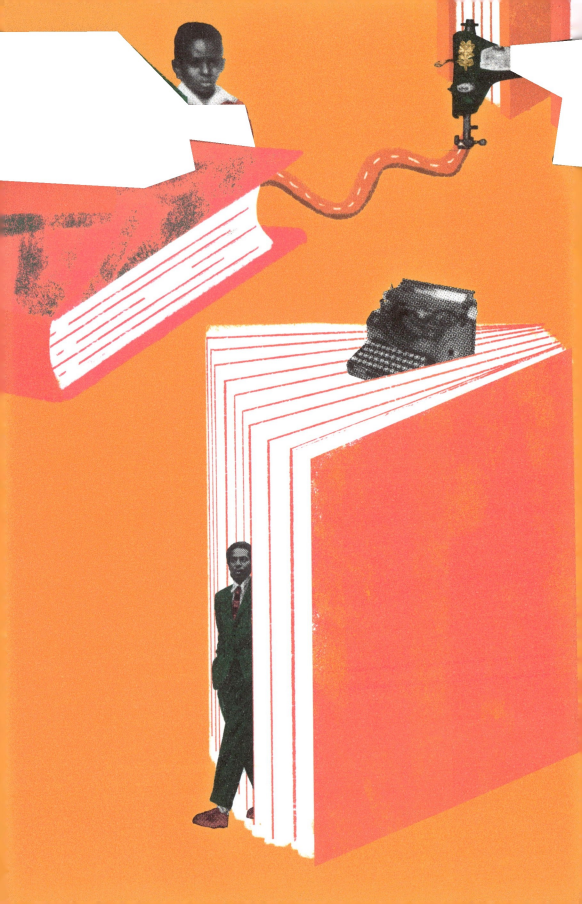

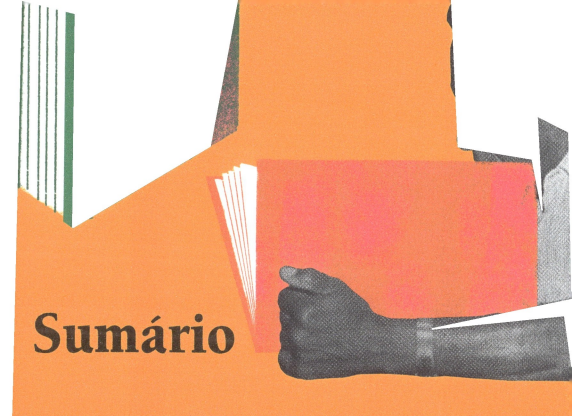

Sumário

O autor e Joel, 6

Ferramentas simbólicas de longo alcance, 8

Origem familiar, 14

A conversão à Literatura, 21

Um livro que mudou a vida, 24

O professor da Faculdade de Letras (e outros cargos paralelos), 32

Autor e professor que justifica esses títulos, 40

Um pensador em movimento permanente, 46

Escritor de diversos temas, para diversos públicos, 50

Sobre o autor, 52

Obras de Joel Rufino dos Santos, 53

O AUTOR e JOEL

No comecinho deste século eu era um dos editores da *Revista Bundas*, uma publicação semanal de humor, cultura e ideias. O forte da edição era a entrevista apresentada a cada semana, sempre com personagens representativos da cultura, das artes ou da política brasileiras.

Em uma das edições, escalamos como entrevistado o escritor, historiador, pensador e professor Joel Rufino dos Santos. Eu conhecia apenas dois ou três títulos de sua obra literária (já então volumosa) e havia lido alguns de seus artigos na imprensa – com opiniões pautadas em causas sociais, humanísticas, na luta contra o racismo e demais hipocrisias, políticas ou morais.

Depois da entrevista, na qual Joel presenteou equipe e leitores da revista com inúmeras lições espontâneas de resistência, coerência e firmeza de caráter, mantendo sempre leveza e excelente humor, passei da condição de admirador para a de fã de Joel Rufino dos Santos. E guardei, desde então, a vontade de um dia escrever um perfil biográfico daquele intelectual brasileiro com trajetória, prestígio e obra universais.

Ao longo dos anos, nos cruzamos algumas vezes, sempre em atividades ligadas à literatura, e tivemos boas conversas que serviram para reforçar minha intenção. Em 2014, tomei coragem e liguei para ele com a proposta, que Joel generosamente aceitou. Tivemos mais três encontros em sua residência, no bairro de Ipanema, Rio de Janeiro-RJ. As informações colhidas nessas entrevistas foram pontos de partida para a produção desta biografia.

No final daquele ano, Joel leu o texto deste livro. Mantendo a generosidade que moldava o seu caráter, me deu sua aprovação e desejou boa sorte "na procura por editores". Em 4 de setembro de 2015, Joel nos deixou, por complicações decorrentes de uma cirurgia cardíaca, e o projeto ficou quieto e de luto desde então, até chegar agora ao catálogo da Moderna (com quem tenho parceria duradoura e que me dá orgulho), nesta edição feita com o carinho que o imenso brasileiro Joel Rufino dos Santos e seus admiradores merecem.

Obrigado a todos. Obrigado, Joel.

Luís Pimentel

FERRAMENTAS SIMBÓLICAS de **LONGO** ALCANCE

Se fosse obrigatória uma qualificação, em que categoria deveria ser "encaixado" o cidadão brasileiro e criador universal Joel Rufino dos Santos?

Escritor

Por décadas Joel premiou a literatura brasileira com obra de esmero e fôlego que se aproxima dos 100 títulos, entre estudos históricos, biografias, ciência política, romances, contos e especialmente a literatura infantojuvenil. Tal obra lhe valeu, em 2004, 2006 e 2014, a honrosa indicação da Fundação Nacional do Livro Infantil e Juvenil (FNLIJ) para concorrer ao Prêmio Internacional Hans Christian Andersen, entregue a cada dois anos pela International Board on Books for Young People (IBBY), instituição filiada à Unesco, a escritores e ilustradores vivos.

No campo da literatura infantojuvenil, sua obra trata de temas que vão de questões sociais a manifestações e personagens da cultura popular. Com seus livros, que tiveram tiragens, adoções e reedições significativas, Joel gravou definitivamente, desde os primeiros títulos lançados, o seu nome na galeria dos mais representativos na literatura brasileira. Seus personagens são marcantes na formação de jovens leitores por trazerem, especialmente, a marca do aprofundamento nas questões humanas – com todo o lirismo, as angústias e contradições que esta marca impõe.

Nome de ponta e equilíbrio no movimento negro

Joel, porém, já disse em entrevista que a questão racial é e sempre será "parte de um todo" e já se declarou interessado mais no homem brasileiro, independentemente de sua cor.

Cidadão político e brasileiro que enfrentou o exílio

Por conta de sua reconhecida coerência, Joel encarou períodos de prisão, uma experiência que lhe rendeu depois a organização de um livro comovente, quando tentou reescrever a sua história como pai, por meio das cartas coloridas enviadas do cárcere ao filho Nelson, então com 8 anos. No exílio, Joel viveu experiências angustiantes, ricas, curiosas ou até divertidas – como o encontro com Pelé e equipe dos Santos Futebol Clube, história peculiar que você verá mais adiante.

Historiador e professor de História

Joel construiu carreira acadêmica, currículo, respeito e prestígio com obra, pensamento e discussões que levaram questões como o racismo e os embates sociopolíticos a patamares dos mais elevados nas ruas ou nas universidades.

Dedicou-se, durante muitos anos, a formar cidadãos livres e esclarecidos nos bancos universitários, especialmente da Universidade Federal do Rio de Janeiro. Na apresentação do livro *A escravidão no Brasil* (São Paulo: Editora Melhoramentos, 2013), Joel diz que o que ensinou há 25 ou 30 anos "é bem diferente do que ensinaria hoje". Sua obra literária, em constante efervescência, está sempre ensinando algo a alguém. Hoje, este professor e humanista de primeira hora ensinaria o que estará nas páginas deste livro, representado por seus textos diversos e espalhados ou pelo vivo e sempre inquieto pensamento de homem livre.

Vale lembrar que, além de todas essas atividades, Joel ainda exerceu cargos relevantes na política ou em instituições, com passagens pela Superintendência de Cultura do Governo do Estado do Rio de Janeiro, Subsecretaria Estadual de Defesa e Promoção das Populações Negras, Subsecretaria de Justiça e Direitos Humanos, e nos tribunais do Trabalho da 1ª Região e de Justiça do Rio de Janeiro, onde exerce o cargo de diretor-geral de Comunicação e de Difusão do Conhecimento.

Não é pouco e uma coisa é certa: em tudo o que foi e fez, esse brasileiro de longa e admirável jornada trabalhou com ferramentas simbólicas de longo alcance, como a inquietação e o humanismo. Dos seus primeiros textos publicados na revista *Recreio*, da Editora Abril (publicação encarregada de despertar o talento narrativo de inúmeros autores que hoje são considerados de ponta em nossa literatura para crianças e jovens), até seu último título, a obra literária de Joel Rufino dos Santos se impõe com elementos que marcam a sua trajetória: a imaginação sem peias, o recontar com fantasia, poesia e verdade os fatos históricos relevantes, além da fabulação e recriação de temas de origem popular – especialmente a negra e a ameríndia.

ORIGEM FAMILIAR

"A parte da cidade que eu gosto é o subúrbio, eu sou do subúrbio. [...] Dentre os filhos dela, minha mãe me elegeu como aquele em quem ela ia investir. Isso é muito comum em família pobre e negra."

Joel Rufino dos Santos, em entrevista à *Revista Bundas*, 2000.

Suburbano e suburbanista, Joel Rufino dos Santos nasceu em 19 de julho de 1941, no bairro de Cascadura, Rio de Janeiro-RJ. O mundo estava em guerra, e o Brasil do presidente Getúlio Vargas se dividia entre o flerte com a Alemanha e a necessidade política de apoiar os Aliados. Naquele bairro do subúrbio carioca, a família do operário naval Antônio Rufino dos Santos e da dona de casa Felicidade Flora dos Santos aumentava: nascia o quarto e último filho, a quem deram o nome de Joel.

Aos cinco anos, Joel se mudou para um bairro proletário, a Vila dos Marítimos (entre os bairros de Tomás Coelho e Cavalcanti), fundada pelo presidente Vargas. Fez os estudos primários perto de casa, em um tipo de escola que existia muito naqueles anos, com professora única, chamado Instituto Arruda Câmara. Em seguida, passou para Ginásio Cavalcanti, colégio particular fundado e mantido por pastores metodistas, tanto a direção quanto os professores. Desse colégio não guarda muita lembrança, mas de um certo professor sim: o mestre de latim Matta, que exerceu influência significativa em sua formação acadêmica.

Embora nos anos 1940 e 1950 as escolas públicas no Rio de Janeiro fossem consideradas de muito bom nível, talvez até melhor do que o ensino privado, Dona Felicidade fez questão que o filho cursasse um colégio particular, pois gostaria que "o filho eleito para o conhecimento" tivesse acesso ao melhor ensino possível. Tinha a ideia de que seria um bom investimento. Para custear esses estudos, embora fosse dedicada inteiramente ao que se chamava de prenda doméstica, a mãe costurava para fora e conseguia assim reunir economias suficientes para fazer frente aos valores cobrados pelo Ginásio Cavalcanti.

Terminado o ginásio (hoje anos finais do fundamental), Joel começou a trabalhar e transferiu os estudos para a noite. Foi trabalhar como *office boy* em um escritório e cursou o Científico (uma das opções de Ensino Médio da época, que focava em disciplinas de exatas, enquanto o Clássico, em humanas), no Colégio Frederico Ribeiro, no Largo do São Francisco. Nesse meio tempo, foi trabalhar para uma empresa de engenharia como ajudante de topógrafo. Ali começou a pensar, naturalmente, em seguir a carreira de engenheiro quando chegasse a hora de enfrentar o vestibular. Mas a vida tinha outros planos para Joel.

Mesmo imerso nas ciências exatas, Joel nutria paixão pela literatura, iniciada na infância com o fascínio pelos gibis, muito presentes na vida, nas escolas e nas casas dos meninos como Joel. Os heróis modernos, que tiveram suas imagens difundidas com o advento da televisão, eram eternizados nas páginas das histórias em quadrinhos, quase sempre obras estadunidenses adquiridas, e traduzidas e lançadas aqui por editoras como Brasil América, Vecchi e Abril, vendidas em bancas de jornal e com sobrevida garantida no troca-troca de mãos em mãos entre a meninada. Foi assim que a geração de Joel conheceu ícones do texto e do traço como o Príncipe Submarino, Capitão Marvel e Nioka, a Rainha da Selva, entre outros.

"Os gibis desempenharam papel muito importante na minha infância, como na infância de muita gente que depois se tornou letrada. Minha mãe proibia a leitura dos gibis e, como tudo o que é proibido, isso estimulava bastante. Ela dizia que se você ficasse lendo gibis ia se tornar um facínora, pois havia sempre muitos facínoras nas histórias em quadrinhos, fazia parte do conteúdo e da estética daquela linguagem, claro. Mas, na verdade, eu acho que ela sabia que eu consumia as HQs sem parar. No fundo ela tinha aquela sensibilidade das pessoas simples, de saber muito bem que o que é proibido é bom."

Joel teve a felicidade de conviver com livros em casa. Seu pai, Antônio, lia muito e tinha prazer de presentear os filhos com livros. Nessa época, mesmo lendo muito, Joel ainda não sabia que essa poderia ser sua profissão, pois achava que escritores eram pessoas ricas que escreviam como um *hobby*, não como um meio de vida.

Nessa fase, Joel adquiriu ou ganhou um caixote, "uma estante deitada", onde guardava os livros recebidos do pai ou presenteados por algum parente no Natal ou no aniversário. Era um orgulho para ele. A capa do seu livro *Assim foi (se me parece)* (Rio de Janeiro: Rocco, 2008) é exatamente um caixote de livros, tributo pago à infância.

O título do livro já sugere que Joel não acreditava em uma "memória verdadeira", já que ela existe na lacuna entre falar e dizer. Os fatos que relatam devem ter sido vividos de formas diferentes por outros e, segundo ele, mesmo os livros de História são cheios de ficção, já que todo relato introduz uma subjetividade. "Com mais razão ainda num livro como o meu", refletiu Joel em entrevista.[1]

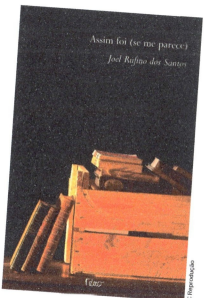

---

1 Entrevista: Joel Rufino dos Santos, por Luciano Trigo para o *blog Máquina de Escrever*, do portal g1, disponível em: https://mod.lk/joelen1. Acesso em: 29 abr. 2024.

A **CONVERSÃO** à LITERATURA

Além da ávida leitura de gibis, que contribuiu muito para a sua formação lúdica e literária, Joel teve, em sua infância, outra leitura constante, que certamente ampliou o seu fascínio pela palavra e pela histórias: a Bíblia.

> "Tive a sorte de ser leitor desde os 7 anos. Lia tudo o que me caía nas mãos: livros de casa, de parentes, de vizinhos. Eu era de família evangélica e tinha a obrigação de ler a Bíblia, recitar versículos. Ouvia e recontava histórias na Escola Dominical. Não me converti ao cristianismo, mas à Literatura. Mais tarde, estudei História, na antiga Universidade do Brasil, e, com a anistia e a reintegração dos expulsos pela ditadura militar, comecei a lecionar Literatura na UFRJ. O menino ledor que fui se tornou professor do professor que me tornei."[2].

Em entrevista[3], Joel contou que para ele a Bíblia não era um livro sagrado, mas "um livro maravilhoso de histórias" e um "manual de estilo". Embora considerasse um livro de literatura, a Bíblia era uma só palavra, a de Deus. Sentiu que sua leitura era mais rica lendo sem o julgo da fé. Segundo sua mãe, Deus nunca o tocou "com a graça".

---

2 Joel Rufino dos Santos: "Não existe uma lista de livros imprescindíveis", revista *Nova Escola*, disponível em: https://mod.lk/joelen2. Acesso em: 29 abr. 2024.
3 Entrevista: Joel Rufino dos Santos, por Luciano Trigo para o *blog Máquina de Escrever*, do portal g1, disponível em: https://mod.lk/joelen1. Acesso em: 29 abr. 2024.

Anchieta e a liquidação dos indígenas

"Vejamos, por exemplo, a questão do padre José de Anchieta. Escrevi uma história sobre ele, um conto que a Moderna publicou (o conto "Confissão", parte da antologia *Histórias de quadros e leitores*, org. Marisa Lajolo). Como é que pode alguém achar que aquele homem era santo, só porque sofreu igual a um condenado, andando de um lado para o outro? Na verdade, ele fez umas coisas muito feias. Por exemplo: foi ele um dos responsáveis pela liquidação de alguns indígenas do litoral, especialmente os de São Paulo. Alguns chefes indígenas estavam combinados, em meio à revolta, para destruir o Colégio de São Paulo. Contaram para Anchieta, em confissão, que eles iam invadir o colégio. Que fez o padre? Armou a resistência e liquidou a confederação indígena armada. Esse homem que acaba de ser declarado santo."

O MISSIONÁRIO QUE VIROU SANTO

O missionário jesuíta **José de Anchieta** nasceu nas Ilhas Canárias, Espanha, e viveu em Portugal. Chegou ao Brasil no século XVI, aos 19 anos, e imediatamente desenvolveu um trabalho de evangelização. É considerado por alguns historiadores, especialmente os religiosos, como alguém que ajudou a fundar a nação brasileira; consta que ensinou português aos indígenas e que aprendeu fluentemente o tupi, escrevendo a primeira gramática nessa língua. Ganhou também epítetos de apóstolo e de defensor dos indígenas, por conta do seu trabalho de catequese.

José de Anchieta, o "apóstolo do Brasil", foi canonizado no dia 3 de abril de 2014, por um decreto do Papa Francisco, também jesuíta (com dispensa de comprovação de milagres – normalmente, é preciso que se confirmem dois). A respeito do missionário, o Papa declarou: "Ele nunca estudou teologia ou filosofia. Era apenas um garoto, e criou os fundamentos de uma nação inteira".

© Benedito Calixto - Museu Paulista da Universidade de São Paulo, São Paulo

Um **LIVRO** que **MUDOU** a VIDA

Terminado o Científico, Joel ficou um ano sem estudar. Estava trabalhando e ganhando um salário razoável para a sua idade. Encontrou um colega que lia muito e que lhe apresentou uma obra fundamental: *Introdução à revolução brasileira* (Rio de Janeiro: Livraria José Olímpio, 1958), de **Nelson Werneck Sodré**. Em 1960, Joel resolveu estudar História na Faculdade Nacional de Filosofia por conta da visão que desenvolveu, a partir do livro, sobre a literatura brasileira. Foi com este livro que Joel descobriu que a literatura é, "essencialmente, um campo inteligível das relações sociais".

NELSON WERNECK SODRÉ (POR JOEL RUFINO DOS SANTOS)

"Nelson Werneck Sodré não entrou para a História como general do exército. Entrou como intelectual, o mais influente no começo dos anos [19]60. Por 25 anos foi crítico literário semanal, publicou obras como *História da literatura brasileira*, *História da imprensa no Brasil*, *História militar do Brasil*, *História da burguesia brasileira*, que são referência obrigatória até hoje. Fui seu aluno e assistente no ISEB, o mais influente centro de estudos da época, fechado pela ditadura. Ele foi um trabalhador intelectual incansável e uma pessoa modesta, apesar da influência que teve."[4]

4 Entrevista: Joel Rufino dos Santos, por Luciano Trigo para o *blog Máquina de Escrever*, do portal g1, disponível em: https://mod.lk/joelen1. Acesso em: 29 abr. 2024.

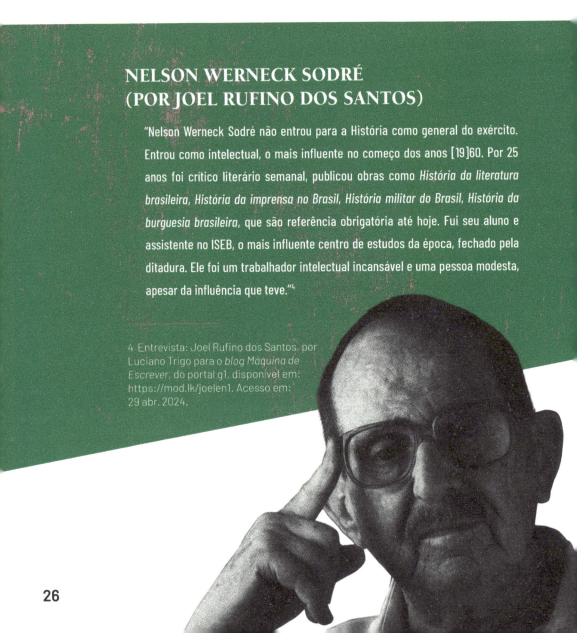

Em 1962, Joel foi convidado para trabalhar como assistente de História Social no Instituto Superior de Estudos Brasileiros (ISEB), e, no ano seguinte, juntou-se a Mauricio Martins de Mello, Pedro de Alcântara Figueira, Pedro Celso Uchoa Cavalcanti Neto e Rubem César Fernandes, sob organização de Sodré, para a produção de livros didáticos de História do Brasil, em uma coleção oficial do Ministério da Educação e Cultura que previa dez títulos, dos quais foram publicados cinco até 1964. Surgia assim a *História Nova do Brasil*.

A vida de Joel é atravessada pelo golpe militar em 1964, que interrompe seus estudos no quarto ano, e a coleção polêmica de didáticos rendeu a ele e seus colegas uma forte perseguição por parte dos militares. "Durante um interrogatório, o coronel Ibiapina, presidente de um Inquérito Policial-Militar, me perguntou, 'Como é que você, com essa idade, tem a pretensão de reescrever a história do Brasil?'. Eu respondi, 'Coronel, Antonio de Castro Alves já tinha escrito toda a obra dele aos 21 anos de idade.' Ele perguntou mais umas duas ou três coisas, eu respondi no mesmo tom e ele bateu na mesa: 'Pode recolher. Leva lá pro Méier'."

Para evitar problemas maiores, Joel embarcou para o exílio, seguindo para a Bolívia e depois para o Chile, onde tem um encontro inusitado no final de 1964. Acontecia na capital, Santiago, um campeonato quadrangular entre a seleção da antiga Tchecoslováquia, um time da Hungria, o time brasileiro Santos e o chileno Colo-Colo. O poeta Thiago de Mello fazia função diplomática cultural no país e organizou um almoço para o time paulista, e Joel se viu ao lado de Pelé. Perguntado pelo Rei do Futebol o que fazia ali, Joel explicou que era exilado político, coisa que o jogador parecia não saber que existia.

"Então eu disse que era da caixinha dos exilados, que tinha muito exilado pobre passando necessidades, e pedi a ele uma contribuição, se fosse possível. Aí ele disse: 'Ó, se a gente ganhar esse próximo jogo, contra a Tchecoslováquia, eu vou dar esse bicho* para vocês. E vou tentar fazer com que outros jogadores também contribuam.' Mas continuou naquela de 'poxa, rapaz, mas você tinha que se meter em política...'
Eu falei sobre o meu filho, que estava com poucos meses de vida, e ele mostrou um real interesse, conversamos bastante. Escreveu até um bilhete pro Nelson, que guardo até hoje. E, realmente, eles ganharam o jogo e aquele bicho, de todos os jogadores, foi entregue pra gente. Foi um gesto muito bonito."

Joel Rufino dos Santos, em entrevista para a *Revista Bundas*, jun. 2000
**Bicho*: dinheiro recebido pelos jogadores ao vencerem uma partida.

Ao retornar, em 1966, Joel conseguiu empregos como professor sem diploma em cursos pré-vestibular no Rio de Janeiro e, em seguida, em São Paulo, onde, além de trabalhar, desenvolvia atividades políticas. Era ligado ao Partido Comunista e, posteriormente, à Ação Libertadora Nacional (ANL), uma dissidência universitária do partido, onde militou entre 1970 e 1972.

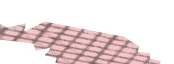

No final deste ano, viajando para passar o réveillon com o filho no Rio de Janeiro, foi preso na rodoviária. Depois de pernoitar na prisão do quartel da Barão de Mesquita (bem conhecida por inúmeros ex-presos políticos brasileiros), Joel foi conduzido de volta a São Paulo. Ficou alguns dias no DOI-CODI, sendo transferido depois para o DOPS. Em seguida, foi "hóspede" dos hoje extintos Presídio Tiradentes e a Casa de Detenção de São Paulo (mais conhecida por Carandiru), ficando preso cerca de um ano e meio no total. Como outros brasileiros que viveram aquele período, sofreu tortura, antes de ser processado.

"Eu tenho uma lembrança de dois lados, com relação a negro na prisão. Toda equipe de torturadores em São Paulo tinha um negro, um japonês e, provavelmente, um judeu, porque a Oban [Operação Bandeirantes, braço repressivo das Forças Armadas] selecionava gente de todo lugar. Tinha um negro que dizia assim para mim: 'Se você está pensando que eu vou ter alguma solidariedade com você por causa da cor, pode se desenganar disso. Se você me der alguma volta e eu ficar mal com a equipe, vou voltar a te barbarizar'. Ele falava isso. E eu podia realmente acreditar nele. Ele estava preocupado com a imagem dele!".

Joel Rufino dos Santos, em entrevista para a *Revista Bundas*, jun. 2000

31

O **PROFESSOR** da **FACULDADE** de **LETRAS** e outros **CARGOS PARALELOS**

"Ao me tornar professor de literatura, vim a valorizar qualquer coisa que o aluno escrevesse, a estimular a sua vontade e disposição para escrever, fosse o que fosse. Importante, para mim, sempre foi que o aluno estivesse lendo."

No começo da década de 1980, o "professor sem diploma" Joel Rufino dos Santos – já um nome conceituado na literatura e nos movimentos sociais (incluindo esforços contra as políticas de segregação racial) –, é convidado para assumir uma cadeira de Literatura na Faculdade de Letras da Universidade Federal do Rio de Janeiro. Ali formou muitos, até se aposentar.

Em paralelo às atividades como docente, Joel manteve o tempo inteiro, além de sua atividade como escritor, a de pensador atuante, publicando artigos em vários órgãos de imprensa. Uma série de textos publicados no jornal *O Globo*, tratando de segurança e direitos humanos, motivou a então juíza Andréa Pachá a recomendá-lo ao presidente do Tribunal do Justiça do Estado do Rio de Janeiro, Miguel Pachá (seu pai), para que assumisse o cargo de Assessor Chefe de *Comunicação* Social. Mais tarde, Joel desempenhou essa mesma função no Tribunal Regional do Trabalho da 1ª Região, no Rio de Janeiro.

O destaque que ia adquirindo no mundo das Letras e na Academia, também o levaram a assumir postos na administração direta do governo do Estado do Rio de Janeiro, nas Secretarias de Justiça e de Direitos Humanos, no ano 2000, como subsecretário, e Defesa e Promoção das Populações Negras. Anteriormente, em meados dos anos 1990, Joel dirigiu o Museu Histórico da Cidade, no Rio de Janeiro.

"De todas essas passagens, posso dizer que a experiência mais proveitosa foi na Subsecretaria de Direitos Humanos, pois a pasta cuidava dos presídios do estado. Ali eu percebi, no âmbito dos vícios inerentes à administração carcerária, que teria dificuldade de enfrentar a tortura nos presídios, por exemplo. Essa é uma tarefa, até hoje, gigantesca! Mas pude contribuir para o tema dando uma certa publicidade à existência, atrás das grades, da prática de maus tratos. Discuti com agentes penitenciários, inúmeras vezes, o porquê dessa prática hedionda. Por que ele torturava um indivíduo que era igual a ele? Tentar despertar a consciência dos direitos humanos, e acho que conseguimos dar um freio na tortura. Mas depois que saímos de lá voltou tudo, como sempre acontece."

A importância da vida acadêmica na biografia de Joel, bem como a gratidão por aqueles que de alguma maneira o ajudaram nessa caminhada, são retratadas pelo autor com leveza e honestidade na apresentação escrita para o "ensaio romanesco", como a obra foi classificada por Muniz Sodré, *Paulo e Virgínia*: o literário e o esotérico no Brasil atual (Rio de Janeiro: Rocco, 2001).

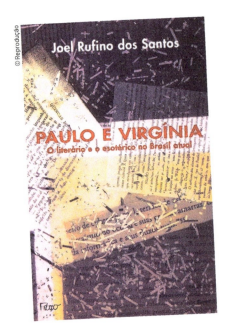

O livro, que Joel dedica a alguns mestres e companheiros de cátedra e carreira, traz discussões muito interessantes para o estudo das Letras, especialmente para a compreensão dos estilos e efeitos da literatura brasileira. Ainda sobre este livro, que causou impacto nos meios acadêmicos e literários, Joel acrescentou que a ideia nasceu na viagem que fez à França para dar um curso na Universidade de Lion. Lá, ele teve uma surpresa: os alunos de Letras, Filosofia e História só queriam saber de Paulo Coelho. Como não conhecia nada da obra desse autor, mudou rapidamente a ementa do curso. Voltando ao Brasil, resolveu pegar o touro a unha e explicar porque Paulo era tão querido pelo leitor comum e tão desprezado pela Academia.

Ao escrever esse livro, Joel descobriu que Paulo Coelho não era então um amador das letras. "Ele quis ser escritor desde menino e tornou-se um escritor respeitado, com um público imenso no mundo inteiro, traduzido para praticamente todas as línguas cultas. É a história de um homem que quis ser e foi escritor." Joel afirmava que Paulo caracterizava a literatura daqueles dias, "que era se apropriar de temas, enredos e análises psicológicas de outros autores já publicados, sem que isso se caracterize um plágio; é uma recontagem, um reaproveitamento. Faz tudo isso bem-feito, por isso tem o prestígio que tem."

Outra obra fundamental para o conhecimento literário e da criação de Joel é o volume *Crônicas para ler na escola* (São Paulo: Objetiva, 2013), que reúne crônicas deliciosas, publicadas em jornais e revistas, selecionadas para a edição pela professora de Literatura e doutora em Letras Marisa Lajolo, que já conhecia sua literatura há muito tempo, sendo colega de Academia e amiga.

Sobre a seleção dos textos e conteúdo da obra, Joel comenta:

"[Marisa Lajolo] teve muito cuidado e carinho na seleção. Pode não ter sido exatamente as crônicas que eu escolheria, mas são as que ela escolheu, com personalidade e autoridade para isto.

O livro traz crônicas sobre futebol, sobre a questão racial, sobre o cotidiano, sobre a História, as artes etc. Uma seleção bem eclética. Trata-se de um material publicado, originalmente, em jornais como *Folha de São Paulo*, *O Globo*, revistas *Caros Amigos* e *Carta Capital* etc.".

Leia um trecho da crônica "O que é um bom romance", em que Joel dedica-se a literatura.

Primeiro, um bom romance não pode ser chato. Na moda do nouveau roman (conjunto de romances franceses publicados no pós-guerra – depois de 1945 – e que renovaram as características tradicionais da literatura feita até então), lá por 1965, pululuram na Europa e, por imitação, no Brasil, romances chatos, ilegíveis. Clarice Lispector tem um romance chato, A maçã no escuro. O romance chato sobrevive do leitor pretensioso: se os peritos literários dizem que é bom, tem de ser.

Segundo, um bom romance é escrito no melhor idioma do país."

"O que é um bom romance", *Crônicas para ler na escola*.

Sobre o que é a "boa literatura", Joel também tem a nos ensinar.

> "A literatura de qualidade é a que dá a sensação de o verdadeiro ser falso e vice-versa. Ela precisa causar um estranhamento que vem de repente num trecho qualquer, num verso despretensioso, e trazer no seu conjunto a colocação de um problema humano a ser resolvido – que, no entanto, a literatura não resolve. Esse é o meu critério, mas naturalmente há outros."

– Entrevista à *Revista Nova Escola*[5].

Sua obra está cheia de indagações construtivas. Em seus textos mais afeitos ao estudo e à reflexão, mostra quanto o escritor-professor sempre acreditou no poder (ou na independência) dos alunos, ou leitores, ou aprendizes.

O estudo, livre ou sistemático, é uma busca constante do ser humano. Devemos estudar, sempre, é o que sempre ouvimos. Mas como? E por quê? Aqui, a opinião de Joel como escritor, homem de ideias e também professor:

> "Eu diria, em resumo, que vale a pena estudar para se divertir. Estudo porque me divirto; não no sentido comum, de achar graça, do puro prazer. Mas, especialmente, porque por meio do estudo nos colocamos no lugar de outra pessoa, em outro país, em outra época, em outra cultura, e vive a experiência dessa outra pessoa como se fosse sua. De tal jeito que você ao estudar, ao ler, você incorpora mais humanidades, se torna mais humano."

Quanto a essa resposta, perguntei a Joel se ela se encaixaria nos dois sentidos primordiais do estudo: tanto na atividade acadêmica, no estudo formal da formação dos indivíduos, como no estudo informal, na leitura literária e busca do lúdico. Ele respondeu:

---

5 Joel Rufino dos Santos: "Não existe uma lista de livros imprescindíveis", revista *Nova Escola*, disponível em: https://mod.lk/joelen2. Acesso em: 29 abr. 2024.

"Acredito que sim, porque já li grandes cientistas, pensadores que admiro, dizerem claramente que o aprendizado é também uma diversão. Que a ciência é uma diversão, porque nos diverte aprender coisas que estão no limite da nossa capacidade de saber, de aprender. É a resposta, também, de gênios da humanidade, como Einstein e outros. Para que estudo? Para ampliar o limite do conhecimento humano; não apenas o meu conhecimento particular. Ou seja, escrevo para me divertir, para me acrescentar de humanidades. É o máximo que a pessoa pode fazer."

EUCLIDES DA CUNHA

Uma figura literária admirada por Joel é Euclides da Cunha, um dos maiores escritores brasileiros. Esse mérito se deve ao impacto que causou o seu livro mais importante, *Os sertões*. "A importância [deste livro] é enorme. Tem ali uma força poética muito grande, com uma capacidade de falar da vida com força e encantamento, com interesse para todos os homens, além de colocar os brasileiros – qualquer brasileiro, de qualquer época – diante de um espelho: ali você vê, exatamente, o que é ser brasileiro. O que é lutar contra as condições físicas, a exploração econômico-social, a falta de trabalho, a falta de terra", garantiu Joel. Mais de um século depois, ainda temos que ler *Os sertões*, estudar e criticar esse livro para nos sentirmos brasileiros, continuar pensando o nosso país. Segundo Joel, Euclides da Cunha foi, sobretudo, um grande escritor. "É difícil e impossível a qualquer pessoa que dedique aos estudos – qualquer estudo, seja história, ciências, literatura, geografia, o que for – não ler essa obra de Euclides da Cunha, que invade todas essas zonas do conhecimento".

© Fundação Biblioteca Nacional, Rio de Janeiro

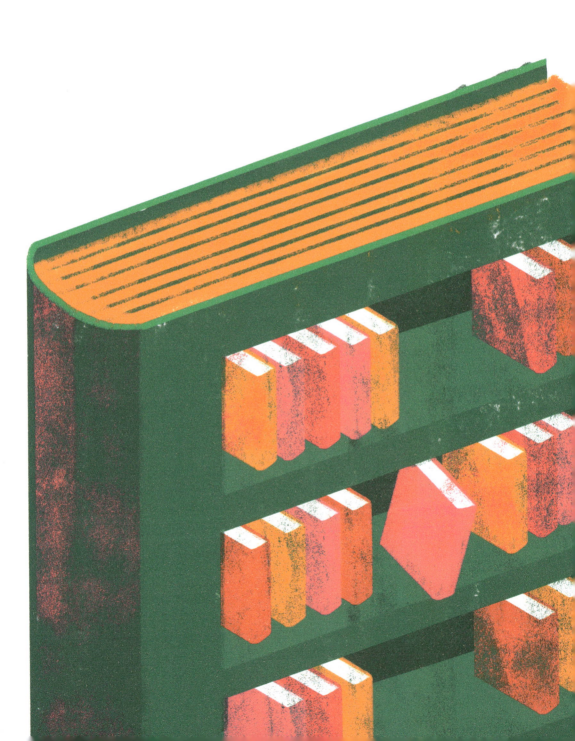

AUTOR e PROFESSOR que JUSTIFICA esses TÍTULOS

Qual o traço mais emblemático na carreira, na trajetória ou nos currículos literário e acadêmico de Joel Rufino dos Santos? A importância de se estudar a obra tanto acadêmica quanto literária de Joel está, exatamente, na capacidade que tem esse autor de unir essas duas vertentes criativas, dando prazer de leitura aos textos de estudos (livres e poéticos) e substância informativa aos textos literários (pelos conhecimentos comprovados como historiador e professor).

Assim, Joel foi capaz de analisar obras clássicas da literatura brasileira do nível de *Angústia*, de Graciliano Ramos, o *Fogo morto*, de José Lins do Rego, ou o *Policarpo Quaresma*, de Lima Barreto – e também de dialogar com autores como Cipriano Barata, Raul Pompeia, Mário de Andrade, Milton Santos, Carolina Maria de Jesus e outros – como o faz em *Como podem os intelectuais trabalhar para os pobres* (São Paulo: Global, 2004).

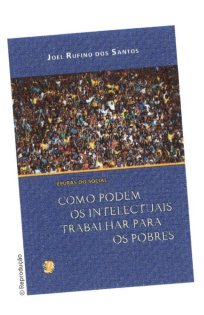

Nessa obra, Joel usa como chave para abrir as portas para a compreensão de sua narrativa e para o entendimento do leitor, uma experiência de vida das mais humanas: em 1973, encarcerado, o escritor conheceu o assaltante de rua conhecido pela alcunha de Pelezinho. Tentou explicar ao companheiro de infortúnio que estava preso não por ser terrorista, como diziam os carcereiros, mas por ser um "combatente da distribuição da riqueza aos trabalhadores", explicação que costumava ser dada pelos revolucionários às testemunhas dos assaltos a bancos, ou expropriações. Ouviu então, de Pelezinho, o seguinte diagnóstico:

– Vocês *são tudo* bunda-mole!

A resposta que Joel possivelmente não tenha dado a Pelezinho veio a ser dada mais de três décadas depois, em seu livro: os intelectuais que trabalham para os pobres o fazem para que os pobres continuem a trabalhar para eles, o que remete ao questionamento de Marx, "Por que os pobres trabalham para nós?".

Essa capacidade que Joel possui de nos fazer estudar com prazer é que justifica o fato de ele ser aqui estudado. Em *Zumbi* (São Paulo: Global, 2006), outra obra de sua autoria onde a informação histórica convive com o enorme prazer da leitura, ele nos diz, já na abertura da prosa:

"ESTA HISTÓRIA COMEÇOU HÁ MAIS DE CEM ANOS.

Numa noite qualquer do ano de 1957, quarenta escravos fugiram de um engenho no sul de Pernambuco. Fato corriqueiro. Escravos fugiam o tempo todo de todos os engenhos. O número é que parecia excessivo: quarenta de uma vez. Fora também insólito o que fizeram antes de optar pela fuga coletiva: armados de foices, chuços e cacetes, haviam massacrado a população livre da fazenda. Já não poderiam se esconder nos matos e brenhas da vizinhança – seriam caçados furiosamente até que, um por um, tivessem o destino dos amos e feitores que haviam justiçado".

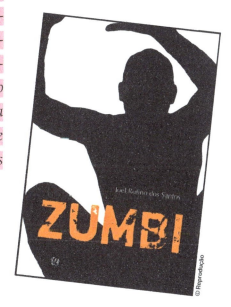

43

Fazendo o caminho inverso, na obra declaradamente ficcional a serviço da memória, de lembranças, de referências sociais e afetivas, no comovente romance *Bichos da terra tão pequenos* (Rio de Janeiro: Rocco, 2010), Joel Rufino, narrando a saga mirabolante e poética do personagem Vinquinho ("Como tinha o osso vertical da testa mais alto que o dos colegas, deram um apelido"), nos oferece esse parágrafo onde referências a raça, condição social e relações humanas deixam o texto de ficção com cheiro e viço e realidade:

> *Cheirava a impostura, mas o menino parecia com a mãe, índio preto, olhos de china da avó. Num armarinho de Quintino, lhe comprou uma calça de brim, camisa, sapato. As pernas de Diamba tinham marcas de cigarro. Gemeria de madrugada, como a mulher de Tomazinho. Enquanto experimentava as calças, Castru o observou de banda. Índio preto, fulni-ô, nunca prestou. O garoto parecia mudo. A história conferia, largado de pai e mãe, padrasto falecido de asma, caíra na mão de um aleijado. Olhos da avó, cara trancada.*

Um PENSADOR em MOVIMENTO PERMANENTE

Uma das admirações intelectuais de Joel Rufino dos Santos foi o dramaturgo, diretor teatral e político Abdias do Nascimento – grande nome dos movimentos em defesa da cultura negra, especialmente pela criação do Teatro Negro do Brasil. No dia 13 de maio de 2014, data em que se completavam 126 anos da assinatura da Lei Áurea, Joel fez uma palestra na Academia Brasileira de Letras, relembrando vida e obra de Abdias. Destaco aqui alguns trechos da palestra[6]:

6 Disponível em: https://mod.lk/joelen3. Acesso em: 29 abr. 2024.

Abdias [...] combateu como soldado na revolução de 1930 e na contrarrevolução de 1932, do lado de Getúlio. Ele não se manteve alheio — o filho de dona Josina não se manteria alheio a nada. Ele não se manteve alheio à luta feroz entre aliancistas e integralistas. Imagino que propendeu para a direita por ser um daqueles jovens de origem católica fascinados por um notável escritor, Plínio Salgado. [..]

O que tinha o integralismo para atrair um combatente visceral contra o racismo? Uma teoria militante de Brasil, que conjugava economia, sociedade, organização política, moralidade e religião. O integralismo era contestatório da ordem, sem ser marxista. Era integracionista - propugnando a integração de todos, inclusive das diferentes raças, num modelo cristão de nação, respeitando a ordem burguesa, propondo o Estado corporativo - sem ser classista. Seus valores eram o comedimento, a espiritualidade, a devoção ao trabalho, à família, a retidão de caráter.

Se encaixava, pois, na autocrítica dos intelectuais negros: seus irmãos negros bebiam, não estudavam, não cuidavam da família, tinham, por assim dizer, endereço "incerto e mal sabido" — para usar uma expressão da época. Se eram sempre suspeitos da polícia era por "não se darem ao respeito". Em suma, o integralismo foi uma das diversas fórmulas para concluir a nação. [...] A conclusão da nação, eis o problema principal daqueles anos. [...]

[...] Assistiu, em Lima [capital do Peru], a *O imperador Jones*, [peça] de [Eugene] O'Neill. O espetáculo é a história de uma danação, a do negro levado ao crime e à traição contra os seus. O drama o impressionou tanto quanto o irritou. O dostoievskiano Brutus Jones era representado por um ator branco brochado.

Voltou ao Brasil com uma determinação: criaria um grupo teatral de negros, capazes de viver na cena qualquer papel, clássico ou comum. Mas não se limitaria ao palco. Queria "reabilitar e valorizar a identidade, a herança cultural e a dignidade humana dos afrodescendentes". Alfabetizou, ensinou artes, teatro, literatura, transformando a vida de empregadas domésticas, operários e favelados, conquistou direitos trabalhistas para as domésticas. Ruth de Souza, Léa Garcia, a bailarina Mercedes Batista, Haroldo de Oliveira, Aguinaldo dos Santos, dentre muitos outros, emergiram do Teatro Experimental do Negro [...].

Se Abdias do Nascimento só tivesse criado o Teatro Experimental do Negro, já entraria para a nossa história intelectual. Mas além disso ele foi um organizador hormonal, obsessivo [...]. Como contraponto amistoso ao 26º Congresso Eucarístico Internacional, realizou o concurso para escolha de um Cristo Negro. E em outra ocasião os concursos "Boneca de Piche" e "Rainha das Mulatas", e realizou, superando obstáculos indescritíveis, a 1ª e a 2ª Convenção Nacional do Negro, em 1949, e a Conferência Nacional do Negro, em 1950.

ABDIAS DO NASCIMENTO

Considerado um dos nomes mais significativos no trabalho em defesa dos movimentos de valorização da cultura afrodescendente no Brasil, Abdias do Nascimento nasceu em Franca, estado de São Paulo, no dia 14 de março de 1914. Bacharel em Ciências Econômicas pela Universidade do Rio de Janeiro, participou da fundação do Partido Trabalhista Brasileiro (PTB) e, posteriormente, do Partido Democrático Trabalhista (PDT), com Leonel Brizola. Este, que se tornara seu amigo no exílio durante a ditadura, foi governador do Rio de Janeiro, período em que Abdias exerceu cargos públicos, inclusive a Secretaria Extraordinária para Defesa e Promoção das Populações Afro-Brasileiras, para a qual levou o companheiro e velho amigo Joel como subsecretário. Nesta época também fundou o Instituto de Pesquisas e Estudos Afro-Brasileiros (Ipeafro), em 1981.
Abdias foi um artista revolucionário. Morreu em 2011, aos 97 anos de idade.

© Jorge Marinho/Agência O Globo

ESCRITOR de **DIVERSOS** TEMAS, para **DIVERSOS** PÚBLICOS

A obra de Joel Rufino dos Santos, múltipla, inventiva e fascinante, não pode nem poderia mesmo ser estudada ou resumida dentro de um perfil biográfico de poucas páginas. Trazendo a compreensão e o sentimento da vida (aqui se incluindo os estudos) e da arte literária, é uma obra que transborda e reivindica espaços – seja nas salas de aulas, nas bibliotecas ou no espaço afetivo de cada leitor.

Acredito ter jogado aqui alguma luz sobre essa obra, dando voz a Joel Rufino dos Santos, transcrevendo seus textos e pensamentos e contando um pouco da vida desse autor, um dos mais importantes escritores brasileiros contemporâneos. Tão ampla quanto inspirada, a obra que tratou de temas diversos, para leitores de todas as idades, transcende estudos (ou tentativas de estudo). Joel Rufino dos Santos marcou a literatura brasileira – especialmente a literatura infantojuvenil – com as marcas da criatividade, da liberdade e do amor ao próximo.

SOBRE O AUTOR

Luís Pimentel é jornalista, escritor e compositor. Trabalhou em diversas redações de jornais e revistas, foi autor e roteirista de programas de humor para a TV e tem muitos livros publicados, entre romances, contos, poesia, infantojuvenis, teatro e sobre personagens ou aspectos da música brasileira.

Por sua obra literária recebeu prêmios nacionais, como o *Literatura Para Todos*, do MEC, *Cruz e Souza*, da Fundação Catarinense de Cultura, *Prêmio Cidade de Belo Horizonte de Dramaturgia* e o *200 Anos de Independência*, do Ministério da Cultura. Nasceu na Bahia, em 1953, e mora no Rio de Janeiro.

© Arquivo do autor

OBRAS DE JOEL RUFINO DOS SANTOS

Literatura infantojuvenil

A botija de ouro. São Paulo: Ática, 1984.

A menina que descobriu o segredo da Bahia. Rio de Janeiro: Rovelle, 2014. Livro finalista do Prêmio Jabuti, 2014.

A Pirilampéia e os dois meninos de Tatipurum. São Paulo: Ática, 1980.

Aventuras no País do Pinta-Aparece. São Paulo: Círculo do Livro, 1982.

Ciúme em céu azul. São Paulo: Global, 2006.

Cururu virou pajé. São Paulo: Ática, 1984.

Duas histórias muito engraçadas. São Paulo: Moderna, 2002.

Dudu Calunga. São Paulo: Ática, 1986.

Eu contra ele: nas cavernas de Minas. Rio de Janeiro: Rovelle, 2014. Livro finalista do Prêmio Jabuti, 2014.

Gosto de África: histórias de lá e daqui. São Paulo: Global, 1998.

História de Trancoso. São Paulo: Ática, 1987.

Histórias de bichos. Rio de Janeiro: José Olympio, 2010.

Mania de trocar. São Paulo: Moderna, 1991.

Marinho, o marinheiro. São Paulo: Círculo do Livro, 1982 [reediçao] São Paulo: Quinteto Editorial, 1996; [reedição] São Paulo: José Olímpio 2007.

O barbeiro e o judeu da prestação contra o sargento da motocicleta. São Paulo: Moderna, 2007. Livro ganhador do Prêmio Jabuti, 2008.

O burro falante. São Paulo: Moderna, 1991.

O caçador de Lobisomem. São Paulo: Abril, 1976; [reedição] Rio de Janeiro: Salamandra, 1986; [reedição] São Paulo: Global, 2009.

O curumim que virou gigante. São Paulo: Ática, 1980. Livro ganhador dos selos "Ofélia Fontes – O melhor livro para criança" e "Altamente recomendável", ambos da Fundação Nacional do Livro Infanto Juvenil (FNLIJ), 1980.

O curupira e o espantalho. São Paulo: Abril/Instituto Nacional do Livro, 1979.

O grande pecado de Lampião e sua peleja para entrar no céu. Belo Horizonte: Dimensão, 2009.

O Ipupiara. São Paulo: Moderna, 1985.

O jacaré que comeu a noite. 4. ed. Rio de Janeiro: José Olympio, 2011.

O noivo da cutia. São Paulo: Ática, 1980. Livro ganhador do Prêmio Jabuti na categoria "Melhor produção editorial".

O presente de Ossanha. São Paulo: Global, 2000.

O saci e o curupira e outras histórias do folclore. São Paulo: Ática, 2002.

O soldado que não era. São Paulo: Moderna, 1983.

Quatro dias de rebelião. Rio de Janeiro: José Olympio, 1980.

Rainha Quiximbi. São Paulo: Ática, 1986.

Robin Hood. Tradução e adaptação. São Paulo: Scipione, 1995.

Uma estranha aventura em Talalai. São Paulo: Global, 1998. Livro ganhador do Prêmio Jabuti, 1980; Lista de Honra do IBBY, 1980; Selo "Altamente recomendável" da FNLIJ, 1980.

Uma festa no céu. 5. ed. Belo Horizonte: Miguilim, 1995.

Vida e morte da onça-gente. São Paulo: Moderna, 2006.

Coleção TABA: Histórias e Músicas Brasileiras. São Paulo: Abril, 1982.

A coleção, em fascículos, trazia livros ilustrados acompanhados de disco de vinil. As histórias de Joel Rufino do Santos são:

- *A flauta de Pan*, que acompanha a canção "Canto do povo de um lugar", com Caetano Veloso;

- *A Salamanca do Jarau*, que acompanha a canção "Fiz a cama na varanda", com Nara Leão;
- *Marinho, marinheiro*, que acompanha a canção "Gaivota", com Gilberto Gil;
- *O jacaré que comeu a noite*, que acompanha a canção "Acalantos" com Nara Leão;
- *O mistério de Zuambelê*, que acompanha a canção "Samba de Aruanda", com Tom Zé.

Suas histórias também foram publicadas nas revistas *Recreio* (Brasil), *Nova Escola* (Brasil), *Ciência Hoje* (Brasil), *Recreo* (Argentina), *Colorin* (Espanha) e *Carosello* (Itália).

Não ficção para jovens:

Crônicas para ler na escola. São Paulo: Editora Objetiva, 2013.

Na rota dos tubarões: o tráfico negreiro e outras viagens. São Paulo: Editora Pallas, 2008. Livro ganhador do selo "Altamente Recomendável" da FNLIJ, 2009.

Quando eu voltei tive uma surpresa: cartas para Nelson. Rio de Janeiro: Editora Rocco, 2000. Livro ganhador dos selos "Altamente recomendável" e "Orígenes Lessa – O melhor para jovem", ambos da FNLIJ, 2000.

Afinal, quem fez a República? São Paulo: Editora FTD, 1998.

Constituições de ontem, constituinte de hoje. São Paulo: Ática, 1987

Zumbi. São Paulo: Moderna, 1985. [reedição] São Paulo: Global, 2005.

O que é racismo. São Paulo: Editora Brasiliense, 1980.

Confira a bibliografia completa em: https://joelrufinodossantos.com.br/paginas/bibliografia.asp. Acesso em: 29 abr. 2024.